Über die Autorin und die Autoren

Gisela Lixfeld studierte in Freiburg im Breisgau Germanistik, Geographie und Europäische Ethnologie. Von 1980 bis 2017 leitete sie das Stadtmuseum Schramberg, dessen Sammlungen sie aufgebaut hat. Schwerpunkte ihrer Forschungen, Ausstellungen und Publikationen sind Alltagskultur, Industrie- und Regionalgeschichte, darunter auch das Schramberger Fastnachtsbrauchtum.

Cajetan Schaub studierte in Freiburg im Breisgau Geschichte und Europäische Ethnologie. Seit 2005 ist er als Museumsleiter der Stadt Sulz am Neckar tätig und dabei insbesondere für das Kultur- und Museumszentrum Schloss Glatt zuständig. Zuvor wirkte er als wissenschaftlicher Mitarbeiter im Stadtmuseum Schramberg an Ausstellungen und Publikationen zur Stadtgeschichte mit und war an der Organisation der Heimattage 2000 beteiligt. Mit der Schramberger Fasnet ist er aufgewachsen; Vater Siegfried, Großvater Karl und Urgroßvater Cajetan waren hauptberufliche Bildhauermeister, die sich in der Narrenzunft u.a. bei der Schaffung der Schramberger Narrengestalten engagierten und kontinuierlich als Maskenschnitzer tätig waren.

Martin Windhab, dem die Fotografien dieses Fastnachtsbuches zu verdanken sind, war als Ingenieur für Gebäudetechnik mit weltweiter Verantwortung tätig. Die schwäbisch-alemannische Fasnet erlebte er bereits als Kleinkind im südbadischen Waldshut; endgültig verfallen ist er ihr Anfang der 1970er-Jahre in Schramberg, bei den Pfadfindern und der Bach-na-Fahrt. Seine Begeisterung für die Fasnet kombinierte er später mit der Leidenschaft zur Fotografie, die er seinem Vater, dem Gehörlosenlehrer Anton Windhab, verdankt.

Die Schramberger Fasnet

Da-Bach-na-Fahrt: Tobias Profft und Wolfgang Maser, Zuber Nr. 6 „Der Drachentöter von Hohenschramberg", 1. Preis 2017.

Gisela Lixfeld, Cajetan Schaub, Martin Windhab

Die Schramberger Fasnet

„... bis am Aschermittwoch Morga"
Eine närrische Bilderreise

SUTTON

Startfahrer Peter Sauer bei der Da-Bach-na-Fahrt, 2011.

Einband vorn: Da-Bach-na-Fahrer-Taufe, 2012.
Vorsatz: Vorbereitung zum Hanselsprung und Brezelsegen des Jungen Parlaments, einer Gruppe junger Leute, die aus Handwerk und Handel treibenden Schramberger Familien stammten und deren Väter ebenfalls teilweise als Träger der Fasnet aktiv waren. Musiker der Harmonie, rechts, begleiteten den Hanselsprung. Die Brezeln finanzierten die Mitglieder des Jungen Parlaments aus eigener Tasche. Obwohl 1929 ein wirtschaftlich schwieriges Jahr war, haben sich viele zum Brezelsegen bereit gemacht. Die Kleidle sind noch überwiegend Villinger Hansel, die beim Kostümverleih des „Narrenvaters" Elektromeister Reinhard Moosmann zu haben waren. In der Mitte ist der erste Schramberger Hansel zu erkennen, 1929.
Nachsatz: Da-Bach-na-Fahrer beim Hanselsprung, 2017.
Einband hinten: Brüele beim Hanselsprung, 2011.

Impressum
Sutton Verlag GmbH
Arnstädter Straße 8
99096 Erfurt
www.suttonverlag.de

ISBN: 978-3-95400-956-5
Druck: Florjančič Tisk d.o.o. / Slowenien
Gestaltung und Herstellung: Sutton Verlag

Inhalt

Einleitung: Tradition – Kreativität – Innovation

Publikationen über die schwäbisch-alemannische Fastnacht liegen bereits in großer Anzahl vor. Die meisten dieser Darstellungen gehen allerdings allein auf die Traditionsfiguren mit dem der Straßenfasnet zugehörigen Brauchtum ein. Sie begnügen sich mit der Beschreibung der Kleidle und Larven, konzentrieren sich auf Narrensprung, Narrenumzüge und Bräuche wie Abstauben oder suchen die Wurzeln der Fasnet zu ergründen. Lediglich eine Facette der Fasnet steht bei solchen Betrachtungen im Rampenlicht: Tradition! Alles andere bleibt außen vor.

Dieser Bildband über die Fasnet in der Schramberger Talstadt – in die es bei der Da-Bach-na-Fahrt und dem Fasnetsmontagsumzug Mitwirkende aus allen Stadtteilen und zehntausende Besucherinnen und Besucher zieht – lenkt den Blick einerseits auf die Fasnetstradition, andererseits auf das Kreative des Fastnachtstreibens und die Offenheit für Innovationen.

Die Fülle der Veranstaltungen an den Fasnetstagen vom Schmotzigen Donnerstag bis zum Aschermittwoch wird durch die Gliederung des Buches nach den närrischen Tagen erkennbar. Neben Schlüsselübergabe, Hanselsprung, Brezelsegen, Katzenmusiken, Da-Bach-na-Fahrt und Umzug wird die Vielfalt des Fasnetfeierns in den Wirtschaften und bei den Saalveranstaltungen in den Fotografien sichtbar, in denen Martin Windhab die Fasnet in Schramberg von 2011 bis 2020 festhielt.

Die Konzentration allein auf Tradition und wiederkehrende Rituale verengt den Blick auf die Fasnet, wie sie wirklich ist. Denn Fasnet ist bunter, wie schon der Blick in die Tageszeitungen und Narrenblätter anzeigt. Tradition, Innovation und Kreativität verwischen an Fasnet Grenzen, indem sie Verbindungen eingehen. Der Brezelsegen findet nicht allein auf der Straße statt, er ist ebenso fester Bestandteil der Saalfasnet. Die Elferräte wachen nicht nur über die Tradition, sie machen sich auch selbst zu kreativen Narren, erstellen Bühnenprogramme und wirken bei den Aufführungen schauspielernd mit. Sie besuchen die Saalveranstaltungen der anderen Fasnet feiernden Vereine und lassen sich bei den Feiernden in den Kneipen finden. Tradition, die sich Neuem öffnet, hält die Fasnet lebendig.

Anlässlich des 75. Jubiläums der Schramberger Narrenzunft und 50. Jubiläums der Da-Bach-na-Fahrt 1986 wurde die Schramberger Fasnet im Stadtmuseum Schramberg für die Ausstellung „'s goht dagega – Fasnet in Schramberg 1900 bis heute" erstmals gründlich erforscht durch die Analyse der Tageszeitungen seit 1900, die Sichtung von Fotografien aus privaten Fotoalben, von Dokumenten aus dem Archiv der Narrenzunft Schramberg und anderer an der Gestaltung der Fasnet traditionell beteiligter Vereine und dem Stadtarchiv sowie durch Interviews mit Zeitzeuginnen und Zeitzeugen. Dabei stellte sich heraus, dass Fasnet nie allein traditionelles Brauchtum beinhaltete, sondern ebenso jede Menge Kreativität und Innovationen. Auch fiel auf, dass dies von der Forschung bisher kaum beachtet wurde, obwohl gerade im jährlich wiederkehrenden Gestalten und Feiern Potential für vielfältige Formen des Engagements für die Fastnacht zu erkennen ist.

Tradition und Innovation schließen sich nicht gegenseitig aus. Kreative Handwerker mit künstlerischem Gespür, die zuvor schon die Fastnachtsbälle gestaltet hatten, erwiesen sich ebenso engagiert als Ideengeber und Gestalter neuer Narrentypen. Nicht zufällig hatten schon Bildhauer Cajetan Schaub und Malermeister Josef Ginter jr. 1925 den Schramberger Hansel gestaltet. Immer mal wieder hatten kreative Narren neue Einfälle. 1936 wurde am Stammtisch des Jungen Parlaments im „Gasthaus Bruckbeck" die Idee geboren, mit Zubern „da Bach na" zu fahren. 1949 wurde nach einer Idee von Elferrat Josef Fix die Schlüsselübergabe eingeführt. Tradition und Innovation fanden sich auch bei der Schaffung neuer Narrentypen in der Zeit nach dem Zweiten Weltkrieg. Ein wichtiges Feld für Kreativität blieben weiterhin die bis ins 19. Jahrhundert zurückverfolgbaren Kostümbälle, an deren Bühnenprogramm sich zahlreiche Gruppierungen beteiligten.

Auch seit Gründung der in die Straßenfasnet ordnend eingreifenden Carnevalsgesellschaft, 1911, Faschingszunft, 1924, und schließlich Narrenzunft, 1931, blieb das Fasnetfeiern in Schramberg nicht in starren Traditionen stecken, sondern entwickelte sich zeitgemäß weiter, was die Fasnet bis heute lebendig hält. Außer der Kreativität vieler ist der Offenheit der Schramberger Fasnet für Innovationen zu verdanken, dass neue Ideen bald Eingang in das lokale Brauchtum fanden. Selbst die seit Ende der 1970er-Jahre von den jungen Leuten ins Leben gerufenen Hexenzünfte wurden nicht ausgegrenzt, sondern als Bereicherung in das Fastnachtsgeschehen integriert. Sogar der Alternativelferrat, der sich 1979 provokativ zusammenfand und bis heute auftritt, wurde akzeptiert. Mit der Zeit erwies er sich sogar als Reservoir des Nachwuchses für den Elferrat, denn einige der damals jugendlichen Alternativelferräte ließen sich in gesetzterem Alter zum Elferrat der Narrenzunft wählen. Auf ähnliche Weise hatte schon das Alte Parlament das Junge Parlament integriert: Die älteren Fastnachter ermunterten den Nachwuchs, Innovationen wie die Da-Bach-na-Fahrt einzubringen.

Was stets blieb, war der Spaß am Schöpferischen: sich verkleiden, erfinden, gestalten, Theater spielen, Musik machen, tanzen, feiern. Beim Bühnenprogramm der Bälle bringen komische Talente die Feiernden zum Lachen. Stadtgeschehen, Politik, Zeitgeschehen und Alltägliches wird hier ebenso aufs Korn genommen wie bei der Gestaltung der Zuber für die Da-Bach-na-Fahrt und der Umzugswagen am Fastnachtsmontag. Für den Einzug des Elferrats beim Zunftball lassen sich die Narrenräte jedes Jahr aufs Neue Witziges einfallen, verkleiden sich phantasievoll und spielen komödiantische Rollen. Ebenso erfüllt das Programm des traditionellen Gesellenballs der Kolpingsfamilie die hohen Erwartungen des Publikums. Auch beim Ball der Da-Bach-na-Fahrer ist die Siegerehrung der Zuber-Mannschaften für die ersten drei Plätze nicht der einzige Programmpunkt. Viele Vereine und Bürgervereinigungen haben überdies ihre eigenen Fastnachtsveranstaltungen, allen voran die Hexenzünfte, in denen vor allem junge Leute ihren Spaß haben.

Einflüsse der Zeitgeschichte und gesellschaftlicher Wandel wirkten sich zu allen Zeiten auch auf das Fastnachtfeiern aus: ein ständiger Prozess, der neben der Bewahrung von Traditionen im Laufe der Jahre viele Neuerungen hervorbrachte. Als besondere Hochzeit des Fasnetfeierns in Schramberg gelten die 1950er-Jahre. Im Laufe der Zeit gab es Krisen. So litt in den 1980er-Jahren die Beteiligung an der Fasnet in den Wirtschaften an geringerer Teilnahme. Das Wechseln von einer Wirtschaft zur anderen war durch die Eintrittspreise erschwert. Abhilfe kam damals von der „Aktion Narrentreff", die einmaligen Eintritt für alle Lokale beinhaltet. Derzeit scheint das Interesse an der Saalfasnet geringer zu sein als früher, während sich die Gastwirtschaften – so es sie noch gibt – längst wieder gefüllt haben.

Viele Facetten der Schramberger Fasnet sind inzwischen erforscht, jüngst die Corona-Fasnet: „Der ‚Corona-Brüele' – Mit ‚Kummer und mit Sorga', Denkschrift der Notgemeinschaft Schwarzer Brezelbändel", herausgegeben von Carsten Kohlmann. 2007 erschien die Arbeit von Sven Kindler „‚... mit Kummer und mit Sorgen ...' – Junges Parlament – Kanalfahrt – Da-Bach-na-Fahrt". Zu ihrem Jubiläum gab die Narrenzunft Schramberg 2010 das umfangreiche Buch „Narri, Narro und so. 100 Jahre Narrenzunft Schramberg. 75 Jahre Da-Bach-Na-Fahrt" heraus. Die vorausgehenden Forschungen und Publikationen sowie eigene Beobachtungen bilden auch die Basis für diese Publikation.

Dominos und Schramberger Narren in Villinger Narrenkleidle auf der Treppe des Haupteingangs des Schramberger Rathauses. Ganz vorne in der Mitte ist Bildhauer Cajetan Schaub (1864–1943) zu erkennen, einer der Initiatoren der Schramberger Fasnet. Dabei waren auch Friedrich Würz, Franz Grüner, Emil Sengle, Helmut Hory und Otto Reiter, um 1920.

1

Schmotziger Donnerstag und Fasnetsfreitag

Die Hauptfesttage der Fasnet in Schramberg sind Fasnetssamstag bis Fasnetsmontag. Doch bereits ab dem Schmotzigen Donnerstag zieht es Jung und Alt in die Wirtschaften, die für Musik sorgen. Am närrischen Unterhaltungsprogramm wirken verschiedene Gruppierungen mit, vor allem Musik- und Rumziehgruppen, Kleidlesträger und Einzelpersonen.

Die bereits in den 1980er-Jahren ins Leben gerufene „Aktion Narrentreff" erleichtert dem Publikum den Wechsel von Lokal zu Lokal, da mit dem Erwerb eines Abzeichens der Eintritt in alle Gaststätten abgegolten ist. Die Abzeichen gelten ebenso für Umzug und Da-Bach-na-Fahrt und können am Eingang der Gaststätten und im Straßenverkauf erworben werden.

Am Schmotzigen und am Fasnetsfreitag ist Raum für Fasnetsfeiern in den Lokalen und für Hausbälle der Vereine wie der Schnupfelfinger Schnoogadatscher. Einige Bälle finden bereits im Vorfeld der Fasnet statt, wie beispielsweise der Ball der Falkenhexen.

Fasnetstreiben in der „Braustube Schraivogel" am Schmotzigen Donnerstag: Der Alternativelferrat, AE, hier mit Brüele-Maske und einer Verkleidung als Gärtner, die auf die Bewerbung der Stadt Schramberg um die Landesgartenschau anspielt. Der Brüele verteilt Süßigkeiten an alle, die den Narrenmarsch vortragen, 2018.

Mitglieder der Happy-Hiasl-Band stürmen am Schmotzigen ins Rathaus, 2018.

Am Abend des Schmotzigen Donnerstags beginnt das Fasnetsfeiern in den Gaststätten. Hier treffen sich Fasnetsbegeisterte wie Sieghart „Sigger" Hafner und Ursula Mayer mit anderen Närrinnen und Narren in der „Braustube Schraivogel", einer Wirtschaft mit jahrzehntelanger Fasnetstradition, 2018.

◂ Musikmachen spielt eine große Rolle bei allen Fasnetsveranstaltungen in Schramberg, hier Mitglieder der Happy-Hiasl-Band vor den Sitzungssälen im Rathaus, 2018.

An der Vielzahl der Brezelbändel ist zu erkennen, dass sich dieser Alternativelfer schon viele Jahre als Brüele am Brezelsegen beteiligt hat, 2018.

Auch mit Büttenreden unterhält das Überraschungsprogramm der Alternativelferräte die Närrinnen und Narren in der „Braustube Schraivogel". Barbara Bajerke, die damalige Wirtin der Braustube, beteiligt sich daran, 2018.

Der Alternativelferrat bietet den Gästen am Schmotzigen ein närrisches Programm in der „Braustube Schraivogel". Thema ist diesmal die Bewerbung der Stadt Schramberg um die Landesgartenschau. Am Eingang zu den Wirtschaften werden Abzeichen und Fasnetsutensilien verkauft, hier von dem Fasnetsurgestein Berger-Sepp, 2018.

Der leidenschaftliche Bach-na-Fahrer Sieghart „Sigger" Hafner, Träger des selten verliehenen Seckeles-Gäules-Ordens, ist von der Braustube ins „Gasthaus Spunden" weitergezogen und animiert dort erfolgreich die Gäste mit der Drehorgel zum Mitsingen, 2018.

Das „Wirtshaus Spunden", an Kirchenbach und Hauptstraße gelegen, ist ein Treffpunkt der Närrinnen und Narren. Die drei Damen Rose Pross, Trude Hundt und Brigitte Burgbacher amüsieren sich hier und folgen Hafner-Siggers Aufforderung zum Mitsingen, 2018. ▸

Jung und Alt sind voll dabei: in der Mitte der langjährige Da-Bach-na-Fahrer Hans-Peter Rapp, der hier den Seckeles-Gäules-Orden trägt, links Florian Binder, rechts Andreas Helm. Der 1987 von Karl „Mohrle" Hafner, 1964 bis 1988 Gildemeister der Da-Bach-na-Fahrer, und Hans-Peter Wein geschaffene Da-Bach-na-Fahrer-Orden zeigt das Antlitz des Schreiners Fuß auf einer Briefmarke und dessen Spruch „Es sind nicht alle Seckel nach Amerika". Der Spruch „Seckeles-Gäules machen" – Blödsinn machen – erinnert auch an Otto Fehrenbacher, den Präsidenten des Jungen Parlaments, das die Da-Bach-na-Fahrt 1936 initiierte. Der Orden wird für besonders närrische Taten verliehen, 2018.

In der Nachkriegszeit wurden weitere neue Narrentypen geschaffen. Der engagierte Fastnachter, Zimmermeister und Kommunalpolitiker Franz Flaig trägt eines der ersten von Malermeister Karl Willomitzer gestalteten Narro-Kleidle, hier beim Aufsagen in einer Wirtschaft. Neugierig schauen die Feiernden in sein Narrenbuch, 1953.

Das Bühnenprogramm dreht sich diesmal um das „Campingparadies Schnupfelfingen". Ines Faller-Langeneck, Beatrice Letzien und Ina Bischof (von links) tun zu diesem Thema ihre närrische Meinung kund, 2019. ▸

Schnupfelfinger Schnoogadatscher bei ihrem Hausball am Fasnetsfreitag in der „Szene 64", 2019.

Thomas Kuhner, Gründungsmitglied der Schnoogadatscher, sagt das Programm des Balls an, 2019.

Beim Hausball der Schnoogadatscher spielt die Old-Hiasl-Band, von links: Carla Kasper, Florian Flaig, Sabine Maurer, Jonas Rehm und Tim Rückert, 2019.

2

Fasnetssamstag

Die närrische Herrschaft beginnt offiziell mit der Zeremonie der Schlüsselübergabe auf dem Rathausplatz um 11 Uhr am Fasnetssamstag. Unter Teilnahme vieler Närrinnen und Narren übergibt das Stadtoberhaupt dem Zunftmeister der Narrenzunft den Rathausschlüssel als Zeichen der närrischen Herrschaft. Damit ist auch die Straßenfasnet eröffnet.

Anschließend findet nachmittags die Ordensverleihung der Narrenzunft an verdiente Närrinnen und Narren im „Gasthaus Bruckbeck" statt, einer Wirtschaft mit einer sehr langen Fasnetstradition. Dort reifte 1936 am Stammtisch des Jungen Parlaments die Idee, den damals gerade kanalisierten Kirchenbach mit Zubern zu befahren.

Am Samstagabend fängt um 20 Uhr der Ball der Narrenzunft im Bärensaal an.

Bestandteil der Schlüsselübergabe auf dem Rathausplatz sind immer mal wieder närrische Aktivitäten, die von Fasnetsgruppen eingebracht werden, wie dieses Ritterspiel mit historischem Bezug, das die Bach-na-Fahrer-Gilde inszeniert hat: hier der Schaukampf von Elferrat Achim Bendigkeit und Andreas Hafner beim Ritterspiel. Im Hintergrund ist die Stadtmusik zu sehen, welche die Schlüsselübergabe musikalisch begleitet, 2020.

Anlässlich seines 40-jährigen Bestehens präsentiert sich der seit 1979 bestehende Alternativelferrat bei der 70. Schlüsselübergabe direkt neben der Tribüne der Narrenzunft mit einer riesigen Alternativelfer-Narrenkappe, die er auch im diesjährigen Fasnetsmontagsumzug mitführte, 2019.

Oberbürgermeister Thomas Herzog hat bei der Schlüsselübergabe von der Narrenzunft einen grünen Hut, eine Gärtnerschürze und Blumen bekommen. Der Bezug zur Kommunalpolitik ist die Bewerbung der Stadt Schramberg um die Landesgartenschau. Den Rathausschlüssel trägt bereits Zunftmeister Michael Melvin, 2018.

Alternativelferrätinnen und -räte, rechts, engagieren sich immer wieder bei der Schramberger Fasnet, hier bei der Schlüsselübergabe. Links als Zuschauer: Bruno Neininger, 2019.

Zunftmeister Michael Melvin und Elferrat Michael Wald ziehen in den Ritterkampf, 2020.

Beim Ritterspiel anlässlich der Schlüsselübergabe wirken viele Da-Bach-na-Fahrer mit: Tobias Wernz, Gildemeister der Da-Bach-na-Fahrer-Gilde, hier mit Trompete, rechts von ihm Alexander Kohlen, Stefan Grimm und Oliver Schumacher, 2020.

Oberbürgermeisterin Dorothee Eisenlohr bei ihrer ersten Schlüsselübergabe; am Mikrofon Uwe Hasenmaile von der Da-Bach-na-Fahrer-Gilde, welche die Ritterspiele inszeniert hat, 2020.

Berger-Sepp, ein Schramberger Original und Fasnetsurgestein und Träger des Seckeles-Gäules-Ordens, beim Verkauf des Narrenblatts „D'Hoorig Katz", der Abzeichen und anderer Fasnetsutensilien, 2019.

Die Idee zur Schlüsselübergabe hatte Malermeister und Elferrat Josef Fix. Am Fasnetssamstag 1949 wurde sie erstmals in die Tat umgesetzt, damals noch auf der Rathaustreppe. Franz Winter, Präsident der Narrenzunft, 3. v. rechts, hat Bürgermeister Karl Kolb die „Stadt-Brille" umgehängt, mit der seither das jeweilige Stadtoberhaupt den Elferrat beim Hanselsprung begleitet. Kolb hält gerade seinen Teil der Narrenrede. Ganz rechts ist Bildhauer und Elferrat Karl Schaub mit Zeremonienstab zu erkennen. Das Schild „Lastenausgleich" verrät, dass es bei der Fasnet auch darum geht, Politik zu kritisieren. Der Lastenausgleich zugunsten der Kriegsflüchtlinge aus Ostdeutschland, der hier thematisiert wird, blieb lange ein politisches Thema, 1949.

Bei der Aufführung des Ritterspiels zur Schlüsselübergabe spielen zahlreiche Närrinnen und Narren mit, hier von links: Mathias Dold, Astrid King und der langjährige Da-Bach-na-Fahrer Siegmund Brändle, Träger des Seckeles-Gäules-Ordens, 2020.

Ordensverleihung im „Bruckbeck“. Stadtarchivar Carsten Kohlmann, rechts, wird von einem als Domino verkleideten Narren zum Wurstschnappen aufgefordert, 2016.

Zunftmeister Michael Melvin – hier mit Rathausschlüssel behängt – bereitet sich, unterstützt von Elferrat Michael Wiedmaier, auf die Ordensverleihungen vor. Geehrt werden Fritz Erlach als Sprecher der Da-Bach-na-Fahrer und der Musiker Franz Fuchs, 2020.

◂ Viele Närrinnen und Narren sind ins „Gasthaus Bruckbeck“ geströmt, wo die Ordensverleihung der Narrenzunft und das Wurstsalatessen stattfinden, 2016.

Bei der Ordensverleihung an den verdienten, damals 96-jährigen Narren Friseur Karl Kühnle, 2016.

Gruppenbild mit Elferräten und den neuen Ordensträgerinnen und -trägern, darunter im Vordergrund: Ingrid Rebmann, die langjährige Leiterin des Stadtmarketings, die verdiente Närrin Ursel Wiedmaier und Oberseckel Peter Sauer, Chef des Seckele-Gäules-Clubs, 2019.

Auch beim Zunftball sind die Kleidlesträger beteiligt. Bevor das Bühnenprogramm beginnt, ziehen sie mit gefüllten Brezelstangen in den Bärensaal, um dem Publikum den Brezelsegen zu spenden, 2014.

Kommunalpolitik ist oft Thema beim Zunftball: Hier geht es um die Nutzung des ehemaligen Krankenhausgebäudes, das die Investorengruppe Camedi Real Estate GmbH erwerben wollte, um daraus ein Erholungs- und Wellness-Resort zu machen. Elferrat Helmut „Schepper“ Schäfer bedient zur Gaudi des Publikums in närrisch-spärlicher Bekleidung, 2014.

Mit der künftigen Nutzung des ehemaligen Krankenhausgebäudes als Luxushotel beschäftigten sich die Narren ausgiebig. Sogar Scheichs aus dem Orient soll das künftige Wellness-Resort in den Schwarzwald locken, hier dargestellt von Obernarren, von links: Peter Renz, Eberhard Pietsch und „Mister Bärensaal" Peter Moosmann. Zwei Jahre später musste dieses Hotel-Projekt aufgegeben werden, 2014.

◂ Einzug der Elfer beim Zunftball mit Zunftmeister Michael Melvin und den Elferräten Achim Bendigkeit und Jürgen Bihlmaier als „Mafiosi": eine Parodie auf die „Investoren" und deren erwogene künftige Nutzung des 2011 vom Kreistag in Rottweil stillgelegten Schramberger Kreiskrankenhauses als Luxushotel, hier närrisch treffend „Comedy Palace Hotel" genannt, 2014.

Der langjährige frühere Kritzelmeister der Narrenzunft Helmut Link und seine Frau Gerda im Publikum beim Zunftball, 2014.

Beim Bühnenprogramm des Zunftballs steht die Nutzung des ehemaligen Krankenhausgebäudes als Luxusresort im Mittelpunkt, hier „Pagen- und Zimmermädchenballett" fürs Hotel, 2014.

Zunftballett: Personal fürs Luxushotel mit orientalischem Flair. Den Scheichs soll es an nichts fehlen, 2014.

Das Publikum hat augenscheinlich Spaß am Programm und den Darbietungen des Elferrats der Narrenzunft beim Zunftball, 2014.

Die Elferräte haben ein historisches Thema für ihr Bühnenstück beim Zunftball gewählt: Elferräte als Burgfräulein und Burgknappen, 2015.

◂ Auch beim Zunftball wirken die Träger der Narrenkleidle stets mit, hier Da-Bach-na-Fahrer und Hansel, 2018.

Viel Musik begleitet alle Veranstaltungen zur Fasnet, wie hier auf der Bärensaalbühne mit Hohenschramberg-Kulisse beim Zunftball, von links: Alexander Kohlen, Leonhard, Philip, Michael und Valentin Melvin, 2015.

Als Schützen mit Pfeil und Bogen verteidigen die Elferräte die Burg Hohenschramberg beim Zunftball, von links: Christoph Huber, Jürgen Bihlmaier, Achim Bendigkeit, Michael Wiedmaier, Arno Jauch und Achim Schaub, 2015. ▸

Aufführung der als Ritter verkleideten Musikanten, von links: Florian Flaig, Peter Flaig, Adrian Budick und Dominik Dieterle von der Freien Katholischen Katzenmusik (FKK) vor der Kulisse der Burg Hohenschramberg beim Zunftball, 2015.

Die Kultur- und Sportvereine veranstalteten schon im 19. Jahrhundert große Kostümbälle, bei denen sich das bürgerliche Publikum bei humoristischen, musikalischen und sportlichen Aufführungen, Tanz und Polonaisen amüsierte. Zugelassen waren nur „anständige" Verkleidungen, keine Vollmaskierungen wie Hansel und Domino. Hier haben sich Schramberger Bürgerstöchter für einen Fasnetsball kostümiert. Die Hälfte der Gruppe trägt Männerkleidung, darunter die 22-jährige Brauerstochter, 2. v. links, aus der „Braustube Schraivogel", welche die Fasnet auch anonym als Domino genoss, 1914.

Fester Bestandteil des Zunftballs ist der theatralische Einzug des Elferrats. Hier ein Blick hinter die Kulissen vor dem Auftritt auf der Bühne des Bärensaals: Die Elferräte haben sich als „Ballerinchen" verkleidet, u.a. Schlosser Rapp, 2. v. rechts vorne, Josef „Sepp" Grüner, 2. v. rechts hinten, Bäcker Braun, 3. v. links hinten, 1958. ▶

1911 hatte die gerade gegründete Carnevalsgesellschaft zum Umzug „Schramberg seit 100 Jahren" aufgerufen, dem viele Vereine und Gruppierungen mit phantasievollen Kostümen folgten. Beliebt waren Trachten als Verkleidungen. Auch beim Bühnenprogramm des Fasnetsballs beteiligten sich zahlreiche Gesang-, Musik- und Sportvereine mit eigenen Beiträgen, wie hier der Turnerbund mit der Aufführung „Zigeunertanz", 1911.

Das Publikum hat sich für den Zunftball phantasievoll kostümiert, 2016.

Beim Zunftball unter dem Motto „Welt-Fasnets-Zirkus Schramberg“ treten die Elferfrauen als Tanz- und Gesangsgruppe „Schwarzwälder Kirschtorte“ auf, von links: Claudia Huber, Christine Vogelmann-Bihlmaier, Tanja Mettmann, Jasmin Wald, Margarethe Neudeck, Petra Henle, 2020.

Die Vorführung sportlicher Leistungen, wie hier im Zirkuszelt beim Zunftball, gehören seit jeher zur Saalfasnet, bei der traditionell die Sportvereine mitwirken, hier Akrobaten der SG Schramberg, 2020.

Oberbürgermeisterin Dorothee Eisenlohr spielt beim Zunftball begeistert mit. Hier singt sie mit der Dragqueen Olivia Jones alias Elferrat Achim Bendigkeit im Duett „Seemann, lass das Träumen", 2020.

Das Zunft-Ballett in Leo-Kostümierung beim Zunftball, 2020.

Ein voller Erfolg ist auch der Akrobatik-Tanz mit Elferräten als Raubtierballett und Dompteuren unter der Regie des Zirkusdirektors Tobias Dold, 2020.

Zu später Stunde in der „Braustube Schraivogel“: Auch hier wird am Samstagabend noch lange Fasnet gefeiert. Es spielt die Musikgruppe Old News: Achim Ringwald, Harry Armbruster und dessen Tochter Corinna als Sängerin, im Hintergrund Daniel Sprich und Frank Fuchs, 2016.

Sonntags geht es mit Hanselsprung und Brezelsegen weiter. Eine Brezel war vor 100 Jahren ein besonderes Geschenk, das sich viele nicht leisten konnten. Auf allen älteren Fotografien dieses Brauchs sind daher Kinder zu erkennen, die sehnsüchtig den Brezelsegen erwarten, in der Hoffnung, diese besondere Spezialität zu erhaschen, 1906.

3

Fasnetssonntag

Mit dem Hanselsprung und dem anschließenden Brezelsegen auf dem Rathausplatz starten die Närrinnen und Narren in den Fasnetssonntag. Die Brezelbändel konnte das Publikum schon vor Beginn der närrischen Tage erwerben.

Weitere Höhepunkte sind an diesem Tag der Gesellenball der Kolpingsfamilie, der um 19.30 Uhr im Bärensaal beginnt, und die Da-Bach-na-Fahrer-Taufe ab 20.15 Uhr am Ufer des Kirchenbachs bei der Kirche St. Maria. 1968 fand diese Taufe erstmals in improvisierter Form im „Bruckbeck" statt; 2006 ging sie schließlich als eigener Bestandteil ins hiesige Fasnetsbrauchtum ein. Dafür wurde ein originelles Taufritual ersonnen. Getauft werden vorwiegend Neulinge, die zum ersten Mal den Bach befahren. Erfahrene Da-Bach-na-Fahrer können die Taufe jedoch ebenfalls nachholen.

In den Wirtschaften wird am Sonntagabend weiter gefeiert. Närrinnen und Narren ziehen durch die Gaststätten. Mit Aufsagen oder Musikmachen unterhalten Rumziehgruppen die Feiernden. Jahrzehntelang waren „Bruckbeck" und „Braustube Schraivogel" in der oberen Hauptstraße sowie die „Schöne Aussicht" am Burgweg traditionelle Fasnetslokale.

Brezelsegen am Fasnetssonntag auf dem Rathausplatz, 2016.

Hanselsprung. Die Narren sind auf dem Weg zum Rathausplatz, wo der Brezelsegen stattfindet; hier zu sehen Hansel, Narro und Brüele, 2017.

Oberbürgermeister Dr. Herbert O. Zinell, hier mit der für das jeweilige Stadtoberhaupt an Fasnet verpflichtenden „Stadt-Brille" ausgestattet, zusammen mit Zunftmeister Hubert Dold beim Hanselsprung. Hinter ihnen sind die Elferräte Kritzelmeister Helmut Link und Peter Moosmann zu erkennen, 2011.

Da-Bach-na-Fahrer beim Hanselsprung, 2017.

Die Ausgabe von Brezeln für die Hansel, Schokolädle für die Narros, Süßigkeiten für die Brüele und Würstchen für die Da-Bach-na-Fahrer findet im Rathaus statt, 2017.

Die Hansel haben ihre Brezelstangen im Rathaus gefüllt. Der Brezelsegen kann beginnen, 2020.

Brezelsegen in der Hauptstraße. Gegen Singen des Narrenmarschs geben die Hansel Brezeln aus. Das Publikum macht begeistert mit, 2015.

Narro beim Brezelsegen in der oberen Hauptstraße. Für die Sängerin des Narrenmarschs hat er Schokolädle als Belohnung dabei, 2014.

Gesellenball der Kolpingsfamilie am Abend des Fasnetssonntags. Vor Beginn des närrischen Bühnenprogramms, welches das Stadtgeschehen und närrische Begebenheiten unter die Lupe nimmt, ziehen die Schramberger Kleidlesträger zum Narrensprung und Brezelsegen in den Bärensaal, 2018.

Begeistert beteiligt sich das Publikum beim Singen der vier Strophen des 1952 von Walter Pfeiffle komponierten Narrenmarschs, 2018.

Das Bühnenprogramm steht auch beim Gesellenball der Kolpingsfamilie ganz im Zeichen der Bewerbung der Stadt Schramberg um die Landesgartenschau und die damit verbundenen Ideen zur Neugestaltung des Uferbereichs der Schiltach. Die Büttenrednerin ist als Biene verkleidet, 2018.

Beim Gesellenball im Folgejahr wird das Thema Städtebau nochmals aufgegriffen. Jetzt geht es um die Vorschläge zur Umgestaltung und Aufwertung des Uferbereichs der Schiltach beim Schloss, das durch die Verkehrsführung seit den 1980er-Jahren von der Innenstadt abgekoppelt ist, links: Matthias Krause und Marius Schäfer, 2019.

◂ Das Männerballet beim Gesellenball verkörpert Blumen, über die sich eine als Biene verkleidete Darstellerin freut, 2018.

Zum Städtebau-Thema passt es auch, beim Träumen vom Angeln in der Schiltach wieder einmal an die jahrzehntelang gewünschte Talstadtumfahrung zu erinnern, von links: Matthias Veit, Stefan Wild und Joe Rohrer, 2019.

2019 wurde erstmals mit Dorothee Eisenlohr eine Frau zur Oberbürgermeisterin der Stadt Schramberg gewählt. Bei der nächsten Fasnet inspiriert das zu Beiträgen wie „Doro Röschen und die vielen Schramberger". Beim Männerballet werben mehrere Prinzen erfolglos um die Prinzessin, 2020.

Nach dem Motto „Spieglein, Spieglein an der Wand, beim G'sellenball im Märchenland" werden Stadtgeschehen und andere Vorkommnisse in vielfältigen Beiträgen karikiert. Diese Gruppe besingt das „Märchen von der ewigen Liebe", 2020.

Die Da-Bach-na-Fahrer-Taufe findet am Abend des Fasnetssonntags statt. Vom Narrenbrunnen laufen die Täuflinge an einem Seil durch die Stadt zur Anlegestelle der Da-Bach-na-Fahrer am Kirchenbach unweit der Kirche St. Maria, rechts: Rudi Schondelmaier, 2012.

Eine Prüfung für die Tauglichkeit des Täuflings ist das Balancieren auf schwankenden Balken, von denen aus über den Köpfen schwebende Würstchen abgebissen werden sollen. Nicht jedem gelingt es wie diesem Täufling, dabei eine super Show zu inszenieren, ohne ins Wasser zu fallen. Manche springen freiwillig in die kalten Fluten, 2014.

◂ Vorbereitungen der Taufe der Erstfahrerinnen und Erstfahrer am Flussufer. „Neptun" und „Notar", Rolf Bouchama, sind Teil des Taufrituals 2017.

Beim Sturz in den kalten Kirchenbach hat der Täufling die Tauglichkeitsprobe jedenfalls bestanden und auch die Lacher auf seiner Seite, 2014.

Der Täufling genießt eine kurze Zuberfahrt im Bach, 2016. ▸

Rudi Schondelmaier beim Start. Er nimmt mit großem Spaß an der Taufe teil, obwohl er schon häufig da Bach na gefahren ist. Die Taufe ist in erster Linie für Neulinge gedacht, steht jedoch auch langjährigen, bisher ungetauften Bach-na-Fahrern offen, 2012.

Fasnetfeiern am Abend des Fasnetssonntags im Gasthaus „Schöne Aussicht", viele Jahre Stammlokal der Da-Bach-na-Fahrer-Gilde. Die von Lokal zu Lokal ziehenden Musik- und Aufsagegruppen bereichern das Programm in den Gaststätten, hier eine Musikantin der Clowngruppe der Bürgervereinigung Rosswald, 2016.

Nach der Bach-na-Fahrer-Taufe wird im Lokal „Schöne Aussicht" gefeiert, hier u.a. die begeisterte Da-Bach-na-Fahrerin Ulrike „Nucki" Schmider und der „Notar" der Taufe, Rolf Bouchama, 2014. ►

Margit Kaiser, die betagte Wirtin des Gasthauses „Schöne Aussicht", als Förderin der Fasnet mit dem Seckeles-Gäule-Orden geehrt, hier bei der Fasnet 2015.

Die Clown-Kapelle der Bürgervereinigung Rosswald, hier im Hintergrund, sorgt für Stimmung im Gasthaus „Schöne Aussicht" und spielt den Narrenmarsch. Das Publikum macht begeistert mit, 2015.

Von Lokal zu Lokal ziehende närrische Gruppen unterhalten das Publikum in den Wirtschaften, hier die als Früchte verkleidete Rumziehgruppe „Tutti Frutti" in der „Schönen Aussicht", von links: Katrin Maier, Elisa Maier, Ines Faller-Langeck und Ina Bischof, 2014. ►

Kleidlesträger besuchen ebenfalls die Gastwirtschaften. Hier animiert ein Hansel die in der „Schönen Aussicht“ Feiernden, beim Narrenmarsch mitzusingen, 2014.

Feiernde am Fasnetssonntag um Mitternacht in der „Braustube Schraivogel", hier Ursula Mayer, 2017.

Am Fasnetssonntag wird bis weit nach Mitternacht Fasnet gefeiert, wie hier in der „Braustube Schraivogel", 2016.

4

Fasnetsmontag

Hauptaktionstag der Schramberger Fasnet ist der Fasnetsmontag. Ab 10 Uhr spielen Katzenmusik-Gruppen auf der Rathaustreppe auf. Danach setzt sich der Umzug der Zuber durch die Hauptstraße zum Aufstellplatz an der neuen Brücke in Bewegung.

Um 13 Uhr startet die Da-Bach-na-Fahrt, das 1936 vom Jungen Parlament ins Leben gerufene Spektakel auf dem Kirchenbach. Die Motto-Zuber nehmen Kommunalpolitik ebenso ins Visier wie Landes-, Bundes- und internationale Politik und sonstige aktuelle Themen oder Probleme des Alltags und Erinnerungen an Vergangenes: gewissermaßen ein Umzug auf dem Wasser.

Anschließend bewegt sich gegen 14.30 Uhr der Fasnetsmontagsumzug durch die Stadt, bei dem auch zahlreiche närrische Gruppen aus den Stadtteilen und den Nachbarorten mitwirken.

Abends findet die Prämierung der Zuber beim Da-Bach-na-Fahrer-Ball im Bärensaal statt, neuerdings in der „Szene 64".

Parallel dazu wird in den Wirtschaften gefeiert, die auch von den Rumziehgruppen aufgesucht werden, welche die Gäste mit Aufsagen, Musik und Gesang unterhalten.

Bach-na-Fahrt: Sven Kindler und Achim Schaub haben mit ihrem Zuber Nr. 1 mit dem Motto „Bernecktal gefährlich – Felssturz jährlich" Platz 1 erreicht, 2020.

Diese Katzenmusik auf der Rathaustreppe hat sich passend zur Bewerbung der Stadt Schramberg um die Landesgartenschau als Gärtnergruppe verkleidet, 2018.

Die Katzenmusik-Gruppe FKK Schramberg 06 e.V. – Freie Katholische Katzenmusik spielt mit ihrer Verkleidung als Wolfsrudel mit zwei Schafen auf die Probleme der Rückkehr des Wolfes in den Schwarzwald an, 2018. ▸

Das Publikum hat sichtlich Spaß bei der Katzenmusik, wie hier Ursel Wiedmaier, 2018.

Vorbereitung zur ersten Da-Bach-na-Fahrt, damals Kanalfahrt genannt. Erkennbar ist die Begeisterung des Publikums über die faszinierende Idee, mit Zubern den gerade ausgebauten Schiltach-Kanal zu befahren, 1936.

Es ist nicht weit von der Idee am „Bruckbeck"-Stammtisch des Jungen Parlaments bis zur Tat. Zuber sind schnell ausgeliehen. Die erste Bach-na-Fahrt 1936 kann nur gelingen; im Zuber: Siegfried Kummer, hinter ihm als einer der Starthelfer: Karl Schaub. Die Arbeiterinnen und Arbeiter der Uhrenfabrik Junghans, welche die Brücke am Ort des Geschehens auf dem Weg zur Fabrik passieren, vergessen die Arbeit und schauen begeistert dem Spektakel zu. Seither ist auch bei der Uhrenfabrik Junghans der Fasnetsmontag arbeitsfrei, 1936.

Wenige Jahre nach der ersten Kanalfahrt hat ein Bachhansel seinen ersten Auftritt am Ufer des Kirchenbachs. Zahnarzt Dr. Erwin Grüner hat sich dieses Narrenkleid ausgedacht, das 1955 als Da-Bach-na-Fahrer in die Narrenzunft aufgenommen wird. Schon hier hat Grüner ein Schild dabei mit dem Spruch „Da Bach na, da Bach na mit Kummer und mit Sorga bis am Asch, bis am Asch, bis am Aschermittwoch Morga", dem späteren Leitspruch auf den Zubern der Bach-na-Fahrer-Kleidle, 1939.

Ab 10.30 Uhr findet der Zuber-Umzug statt, der durch die Innenstadt zum Zuber-Aufstellplatz an der neuen Brücke führt. Der Zuber-Umzug passiert die Ehrentribüne in der Hauptstraße. Wegen Vereisung der Schiltach fällt die Da-Bach-na-Fahrt in diesem Jahr aus, 2012.

Zuber Nr. 19 „Christo und die Hoorig Katz" auf dem Startplatz. Arno Jauch und Ann-Kathrin Brantner wählten dieses Motto anlässlich der Verhüllung des Triumphbogens in Paris nach Plänen von Christo, 2020. ►

Oliver Merk und Steffen Auber mit ihrem Zuber Nr. 23 „200 Jahre Majolika" im Zuber-Umzug auf dem Weg zur Da-Bach-na-Fahrt. Anlässlich des 200. Jubiläums der Schramberger Majolikafabrik SMF haben sie eine vergrößerte Majolikatasse auf den Zuber gebaut und sie mit dem in den 1970er-Jahren sehr erfolgreichen Dekor „Tirol" bemalt. Die beiden bekamen den „Batsch-nass-Orden", weil ihre Styropor-Konstruktion schon am Start zerbrach und sie „batschnass" schwimmend das Ziel erreichen mussten, 2020.

Cathrine Dold, Stefi und Mali Melvin (von links) mit Zuber Nr. 8 „Superwomen" vor dem Start, 2020.

Ralf Brändle und Ingo Feddersen mit Zuber Nr. 21 „'s Licht isch aus im Krankenhaus". Die drohende Schließung des Schramberger Krankenhauses spiegelt sich schon früh bei der Da-Bach-na-Fahrt in Protesten gegen den Landrat und die Politiker des Kreistags in Rottweil. Auch der Schramberger Gemeinderat und der langjährige Oberbürgermeister Dr. Herbert O. Zinell, „HOZ", mussten Kritik einstecken, 2011.

Bach-na-Fahrt, Thilo Albrecht und Martin Kuhner, Zuber Nr. 1 „Vuvuzela“: in dem Fall nicht „furztrocken“, sondern „batschnass“ ohne Zuber – zur großen Gaudi fürs Publikum, 2011.

Rolf Bouchama und Katharina Gauderer mit Zuber Nr. 13 zum Thema „Landtagswahl", 2011.

Alexandra Baur und Christina Schondelmaier, Zuber Nr. 11 „Das Dschungelcamp", 2011.

Arno Jauch und H.P. Lauble machen mit ihrem Zuber Nr. 16 „Die letzten Eskimos – Klimawandel hautnah" auf das schon länger diskutierte Umweltthema aufmerksam, 2011.

Cindy Seifert und Antje Raith rufen mit ihrem Zuber Nr. 18 „Teenage Dream“ Jugenderinnerungen wach, 2011.

Martin Mettmann und Roland Löffler steuern den Historischen Zuber zum Thema „100 Jahre Narrenzunft“, 2011.

Erster Auftritt des neu gestalteten Bachhansels, der inzwischen Da-Bach-na-Fahrer heißt. Er ist mit den anderen Kleidlesträgern auf dem Weg zum Umzug, hier noch ohne Aufschrift „Da Bach na…" auf dem Zuber, 1955.

Einer der Zuber der ersten Da-Bach-na-Fahrt des Jungen Parlaments, 1936.

Sven Kindler und Hans Peter de Beyer nehmen mit ihrem Zuber Nr. 19 zum Thema „Stuttgart 21“ die Verkehrspolitik unter die Lupe. Eindrucksvoll strandet ein ICE im Bach, 2011.

Oberbürgermeister Thomas Herzog und Michael Melvin, Zunftmeister der Narrenzunft Schramberg, mit Zuber Nr. 10a „Streichelzoo am Berneckstrand“, der als Ersatz für das Freibad gilt, 2014. ►

Bach-na-Fahrt zum Narrentreffen: Jörg und Udo Brunnenkant mit Zuber Nr. 11 „Schramberg schafft sich ab". Hintergrund war die Schließung mehrerer Einrichtungen der Infrastruktur wie des stadtnahen Freibades im Falkenstein, der beiden Kinos und des Krankenhauses, 2011.

Andreas Hafner und Tobias Kuhner, Zuber Nr. 23 „Umweltzone scheißegal, wir verpesten Schramberg Tal!", 2014.

Elisa Bauknecht und Yvonne Haberer wurden mit ihrem Zuber Nr. 40 „Pitsch Patsch Pinguin" Rookie des Jahres, 2014.

Achim Bendigkeit und Jürgen Volz mit Zuber Nr. 15 „Laurel und Hardy auf großer Fahrt", 2014.

Hilmar Bühler und Tobias Maurer mit Zuber Nr. 32 „Circus Camedi Real“. Die Idee der Investorengruppe, aus dem Krankenhausgebäude einen Wellness-Tempel zu machen, ohne ausreichend Finanzmittel dafür zu besitzen, hat sich als Luftschloss erwiesen. Das Thema Krankenhausschließung und Suche nach einer passenden Nutzung für das Gebäude wird zum Dauerbrenner, 2016.

Jörg Hafner und Thomas Stärtzel mit Zuber Nr. 7 „Qatar holt Kanalfahrt 2016“, 2015.

Jörg Fehrenbacher und Georg Haas mit Zuber Nr. 1 „Die Grokos“. Hier wird die Bundespolitik aufs Korn genommen, 2014.

Tobias Profft und Rainer Fader erreichen mit Zuber Nr. 24 „Reine Luft durch Feenhand" Platz 2, 2016.

Christian Ragg und Sebastian Roming mit Zuber Nr. 14 „da-Bach-na-Metzg'". Das Metzgerei-Sterben in der Talstadt bewegt viele und wird auch bei der Da-Bach-na-Fahrt öfter thematisiert, 2017. ▸

Jörg Fehrenbacher und Georg Haas, Zuber Nr. 15 „Cowboy Trump". Der ehemalige US-Präsident Donald Trump war mehrfach Zielscheibe der Da-Bach-na-Fahrer, 2017.

Martin Kuhner und Gabriele Kopf haben mit Zuber Nr. 34 „Wer tickt denn da nicht richtig?“ den Bollenhut da Bach na geschickt: ein Beitrag zum diesjährigen Thema des Da-Bach-na-Fahrer-Balls „Hier tickt der Schwarzwald – Heimathafen“, 2017.

Matthias Pflumm und Markus Falter mit Zuber Nr. 10, dem Jubiläumszuber der Falkenhexen für „40 Jahre Falkenhexen Schramberg", 2018.

Karsten Birbaum und Alexander Kohlen greifen mit ihrem Zuber Nr. 3 „Der Wolf im Schwarzwald" eine aktuelle Diskussion auf, 2018.

Jürgen Kern und Dirk Drexlmaier mit Zuber Nr. 35 „Friede, Liebe, Bach-na-Fahrt“, eine Reminiszenz an Flower-Power der 1970er-Jahre, 2019.

Tanja Feddersen und Anja Brändle schwelgen mit Zuber Nr. 3 „Ob-la-di, Ob-la-da, es geht da Bach na – 60 Jahre Beatles" in Jugenderinnerungen, 2020.

Martin Mettmann und Thomas Broß greifen mit Zuber Nr. 37 „Brexit" ein aktuelles Thema auf: den Ausstieg Großbritanniens aus der Europäischen Union, 2019.

Tobias Profft und Rainer Fader kommen mit Zuber Nr. 7 „60 Jahre Beatles and the Yellow Submarine" auf Platz 3, 2020.

Till Sauer und Birgit Blessing weisen mit Zuber Nr. 12 „Borkenkäfer im Zuberkeller“ auf das aktuelle Problem des Waldsterbens hin, 2020.

An den Stammtisch des Jungen Parlaments im „Bruckbeck“ und die Initiatoren der Da-Bach-na-Fahrt 1936 erinnert dieser historische Zuber der Obernarren „Sigger“ Hafner und Peter Renz zum 75. Jubiläum der Da-Bach-na-Fahrt, 2011.

Um 14.30 Uhr beginnt der Fasnetsmontagsumzug mit rund 40 närrischen Gruppen, hier die Falkenhexen, seit 1974 bestehend, 1978 als Verein gegründet, 2014.

Die 1989 gegründeten Tennenbronner Wurzelhexen beim Fasnetsmontagsumzug, 2020.

Die Finsterbach-Hexen, seit 1981 bestehend und 1986 als Verein gegründet, im Umzug, 2014.

Die Rosswaldhexen der Bürgervereinigung Rosswald feierten 2020 ihr 50-jähriges Bestehen, hier im Umzug, 2020.

Krattenmacher der Narrenzunft Sulgen, 2014.

Seit den 1970er-Jahren gründeten junge Leute zahlreiche neue Hexengruppen, deren Kleidle es erlauben, die Zuschauenden während des Umzugs mit sportlichen Leistungen zu unterhalten. Darunter ist auch die Gruppe der Schorenhexen Sulgen, die 1990 als freie Fastnachtsgruppe gegründet wurde, hier beim Fasnetsmontagsumzug, 2014.

Die 1976 gegründete Narrengruppe Scheene Bronnerle aus Schönbronn beteiligt sich jedes Jahr am Fasnetsmontagsumzug in der Talstadt, 2014.

Die Elferratsfrauen ziehen nicht nur, wie hier im Umzug, als närrische Gruppe mit. Sie gehören auch zu den Rumziehgruppen, welche die Gäste in den Lokalen mit närrischen Darbietungen unterhalten. Damit leisten sie einen wichtigen Beitrag zur Lebendigkeit der Fasnet in den Wirtschaften, 2020. ▸

Die Hof-AG Sulgen hat immer wieder originelle Einfälle zur Fasnet. Hier hat sie das damals gerade aktuelle Thema „Neue Mitte" aufgegriffen, 2014.

Kehraus und Endivienbutz, der 1995 dazukam, beim Fasnetsmontagsumzug, 2017.

Schramberger Hansel im Fastnachtsmontagsumzug, 2011.

Bildhauer Siegfried Schaub (1936–2017) schnitzte bereits in dritter Generation die Schramberger Fasnetsmasken. Ihm ist auch die Maske des Endivienbutz zu verdanken. Hier entsteht in seiner Werkstatt gerade eine Hansel-Maske. An der Wand ist die erste Lächler-Maske zu sehen, die sein Vater Karl Schaub (1904–1964), 1947 entwarf, 1980er-Jahre.

Achim Schaub und Sven Kindler haben den 1. Platz bei der Da-Bach-na-Fahrt errungen. Siegerehrung beim Da-Bach-na-Fahrer-Ball in der „Szene 64", von links: Nico Knebel, Michael Neef, Achim Schaub, Rainer Fader und Tobias Profft, 2020.

Bühnenprogramm des Da-Bach-na-Fahrer-Balls im Bärensaal mit Ballett „Hier tickt der Schwarzwald – Heimathafen", 2017. ▸

Ordensverleihung an die Da-Bach-na-Fahrer durch Elferrat Udo Neudeck beim Da-Bach-na-Fahrer-Ball zum Thema „Heimathafen“ im Bärensaal. Marco Herrmann und Dominik Weißer gehören mit Zuber Nr. 32 „Fluch der Karibik“ zu den Empfängern der Da-Bach-na-Fahrer-Orden, 2017.

Auch beim Da-Bach-na-Fahrer-Ball spielt Musik eine große Rolle, 2017.

Bühnenprogramm beim Da-Bach-na-Fahrer-Ball im Bärensaal mit dem Motto „80er Party, 90er“, 2016. ▸

Die Da-Bach-na-Fahrer Achim Schaub und Sven Kindler siegen mit Zuber Nr. 39 „Ärztehaus Schramberg", einem dringenden kommunalpolitischen Anliegen. Mit Zuber Nr. 24 „Reine Luft durch Feenhand" kommen Tobias Profft und Rainer Fader auf Platz 2. Mit Zuber Nr. 17 „Durch die Zeit im Kirchenbach" erreichen Volker Weißer und Oliver Schumacher Platz 3, 2016.

2012 fiel die Da-Bach-na-Fahrt aus, weil die Schiltach zugefroren war. Es gibt jedoch einen Zuber-Umzug durch die Stadt und eine Siegerehrung beim Da-Bach-na-Fahrer-Ball. Tobias Wernz und Sebastian Wilhelm siegen mit Zuber Nr. 40 „El Torero's".

Tobias Wernz und Sebastian Wilhelm, Sieger der Bach-na-Fahrt auf dem Trockenen, freuen sich; der Zweitplatzierte gratuliert, 2012.

Siegerehrung beim Da-Bach-na-Fahrer-Ball. Die ersten drei Sieger-Plätze der „furztrockenen" Da-Bach-na-Fahrt, 2012.

Bühnenprogramm des Da-Bach-na-Fahrer-Balls zum Thema „Poseidons Olympic Party" im Bärensaal, 2012.

Den 1. Platz bei der Da-Bach-na-Fahrt erreichen Ulrike „Nucki“ Schmider und Rolf Bouchama mit Zuber Nr. 39 „Zeitmaschine – Steampunk“, 2014.

Zunftmeister Michael Melvin bei der Verleihung des Mohrle-Hafner-Pokals, 2014.

Die Elferräte Udo Neudeck und Jürgen Bihlmaier feiern am Rosenmontagabend in der „Gaststätte Bären" mit den Gästen Fasnet, 2020.

Die Elferfrauen sind auch im „Gasthaus Bären" als Rumziehgruppe aktiv, u.a. Christine Vogelmann-Bihlmaier (2. v. links). Zunftmeister Michael Melvin spielt die Musik dazu, 2020.

5

Fasnetsdienstag bis Aschermittwoch morgens

Am Fastnachtsdienstag findet nachmittags auf dem Rathausplatz der Brezelsegen mit Ausklang der Straßenfasnet statt. Abends wird noch bis in die frühen Morgenstunden des Aschermittwochs beim Rattenball gefeiert, bisher in der „Braustube Schraivogel".

Pächterwechsel wie kürzlich in der „Braustube Schraivogel" oder der Tod der von der Fasnet begeisterten Wirtin des Gasthauses „Schöne Aussicht", lange Heimatlokal der Da-Bach-na-Fahrer, zwangen im Laufe der Jahrzehnte immer mal wieder zum Wechsel der Stammlokale. Der Hanselschlag der Narrenzunft, der jahrzehntelang in der „Braustube Schraivogel" beheimatet war, findet daher nun in der „Majolika"-Gaststätte statt. Die Da-Bach-na-Fahrer treffen sich jetzt im „Gasthaus Spunden".

Am Aschermittwoch gibt die Narrenzunft unter Ausschluss der Öffentlichkeit den Rathausschlüssel zurück.

Die Stadtmusik ist Begleiterin der gesamten Fasnet, 2018.

Das Fasnetsoriginal Sepp Berger übernimmt hier von Meinrad Löffler, Dirigent der Stadtmusik, den Taktstock. Alle warten auf den Brezelsegen am Fasnetsdienstag, 2018.

Hansel beim Brezelsegen am Fasnetsdienstag, 2018. ►

Der Elferrat der Narrenzunft lauscht der Stadtmusik in Erwartung des Brezelsegens, 2018.

Da-Bach-na-Fahrer teilt Würstchen aus beim Brezelsegen am Fasnetsdienstag, 2018.

Großadmiral Martin „Kuma" Kuhner war von 1988 bis 2014 als Nachfolger von Karl „Mohrle" Hafner Gildemeister der Da-Bach-na-Fahrer-Gilde, hier mit Gaby Kopf beim Fasnetsausklang am Fasnetsdienstag, 2018. ▸

Tanzende Närrinnen und Narren beim Fasnetsausklang auf dem Rathausplatz am Fasnetsdienstag, 2018.

Das Fasnetsoriginal Berger-Sepp und seine Frau Helga beim Rattenball in der „Braustube Schraivogel“, 2018.

Till und Susanne Sauer feiern beim Rattenball in der „Braustube", hier mit einem Brüele, dem sie den Narrenmarsch vortragen, 2018.

Mathias Dold gibt beim Rattenball in der Braustube eine Robot-Vorführung fürs Publikum, 2018.

Barbara Bajerke, Wirtin und Köchin der „Braustube Schraivogel", tritt beim Rattenball nochmals als Büttenrednerin auf, 2018.

Feiernde in der „Braustube Schraivogel" beim Rattenball, 2018.

◂ Vorführung der Elferfrauen zum Thema „Landesgartenschau" beim Rattenball in der „Braustube Schraivogel", von links Cindy Wiedmaier, Cathrine Dold, Christine Vogelmann-Bihlmaier und Tanja Mettmann, 2018.

Historischer Rückblick

Den bisher ältesten Beleg für die Fasnet in Schramberg entdeckte Stadtarchivar Carsten Kohlmann im Familienarchiv der Grafen von Bissingen. Anlässlich von Unwetterschäden war 1802 ein Fastnachtsverbot erlassen worden: Indiz dafür, dass Narrentreiben damals schon üblich war. Weitere Verbote und Rügen finden sich im Laufe des 19. und 20. Jahrhunderts in den im Stadtarchiv Schramberg aufbewahrten Schultheißenamts- und Gemeinderatsprotokollen. 1820 war ein verbotenes Narrenspiel aufgeführt worden. 1856 wurde ein Narr gerügt, den verbotenen Narrenruf „Hoorig ist die Katz“ gerufen zu haben; er verteidigte sich, er habe nur den Kindern eine Freude machen wollen und Brezeln ausgeworfen. „Unanständige Masken“ auf den Straßen kamen in Arrest; „anständige Geselligkeit“, Tanz und Feiern in den Wirtschaften waren erlaubt.

Auch nach dem Ersten Weltkrieg verfügte die protestantisch-pietistische Obrigkeit Jahr für Jahr Fastnachtsverbote wegen der „schlechten Zeiten“. Ausnahmen waren nur zu erwirken, wenn ein „altes Herkommen“ erwiesen war. Für das „alte Herkommen“ der Schramberger Fasnet verbürgte sich damals Oberbürgermeister Eugen Ritter, selbst ein „Narr“, der aus der Narrenhochburg Rottweil stammte. Solche Fastnachtsverbote waren möglicherweise eine Triebfeder für die Narren, sich künftig auf eine historische Fastnachtstradition zu berufen.

Bereits 1911 war in Schramberg eine Carnevalsgesellschaft gegründet worden, aus der 1924 die Faschingszunft hervorging, welche 1931 in Narrenzunft umbenannt wurde. Ziel war eine „saubere Fastnacht“, über die der Verein künftig wachte. Als 1924 die Vereinigung Schwäbisch-Alemannischer Narrenzünfte als Dachverband gegründet wurde, war die Schramberger Faschingszunft als Gründungsmitglied dabei. Dass die Schramberger Narren schon länger mit den benachbarten Narrenhochburgen vernetzt waren, zeigt sich im Maskenverleih. Narrenkleider mit Rollen sind schon für das 19. Jahrhundert belegt. Auch Elektromeister und Kostümverleiher Reinhard Moosmann, als „Narrenvater“ bezeichnet, hatte noch lange gebrauchte Weißnarrenkleider aus den ehemaligen Reichsstädten Villingen und Rottweil und der Oberamtsstadt Oberndorf im Angebot. Jedoch nicht nur als Hansel sollen wilde Gesellen früher an Fasnet in den Gassen ihr Unwesen getrieben haben. Daneben gab es Dominos, Stofflarven mit Gewändern, die leicht selbst zu nähen waren. Sie waren vor allem bei fastnachtsbegeisterten Frauen beliebt, gestatteten sie doch auch den Bürgerstöchtern ihr behütetes Heim unerkannt zu verlassen, um für ein paar Stunden Schabernack zu treiben.

Diese vollmaskierten Kleidlesträger waren allesamt nicht zu den Fastnachtsbällen zugelassen, einer wichtigen Säule des Fastnachtsfeierns mit musikalischen und sportlichen Darbietungen sowie Wortbeiträgen, Sketchen und Theateraufführungen auf der Bühne: „anständige Geselligkeit“ eben. Das Publikum der Bälle war zwar phantasievoll kostümiert, jedoch nicht unkenntlich maskiert. Erst die Schaffung des eigenen Hansels 1925 machte dieses Kleidle, das jetzt als Traditionsmaske galt, seit den 1930er-Jahren allmählich für den Auftritt bei den Kostümbällen hoffähig. Den Dominos, die ihren Ursprung im venezianischen Karneval hatten, blieb der Zutritt verwehrt. Nach und nach fielen sie der Historisierung der Fasnet zum Opfer und verschwanden. Die früher ungeregelt durch die Stadt ziehenden Umzüge von Vereinen und Gruppierungen hatte die Faschingszunft bereits Ende der 1920er-Jahre zu einem gemeinsamen Umzug gebündelt. Gegenüber der Obrigkeit übernahm sie auch die Verantwortung für einen geordneten Ablauf des Umzugs.

1937 berichtete die Lokalzeitung erstmals über das Abstauben. Das Bestreben, etwas Eigenes in der Tradition der schwäbisch-alemannischen Fasnet zu besitzen, führte neben dem Hansel zu weiteren Narrenfiguren. Seit 1948 führt der Kehraus als Einzelfigur den Hanselsprung an. Idee und Larve stammen von Bildhauer Cajetan Schaub, der ihn schon 1928 kreiert hatte. Karl Schaub (1904–1964), der sich wie zuvor sein Vater jahrzehntelang als Maskenschnitzer betätigte, schuf 1947 den Lächler: eine zweite Larve für den Hansel. Nach der Idee seiner Gattin Sofie gestaltete er 1949 den Brüele. Das schlichte Sackleinenkleidle, ursprünglich ein abgewetzter schwarzer Frack, sollte die Armut der Nachkriegszeit spiegeln und historisch auf die Armenbeschäftigung der Strohmanufakturen verweisen. 1950 stellte Malermeister Karl Willomitzer den von ihm entworfenen Narro vor, dem er eine ausführliche Beschreibung seiner Ideen über die Symbolik der Malerei auf dem Häs hinzufügte. Der Endivien-Butz, 1995 als Einzelfigur hinzugekommen, ist die bisher letzte Innovation bezüglich der Kleidle. Die Larve gestaltete Bildhauer Siegfried Schaub (1936–2017), in dritter Generation als Maskenschnitzer tätig, nach dem Gesichtsausdruck des letzten Büttels („Butz") Josef Knops. Dieser betrieb nebenbei einen Gemüseladen und trug daher den Spitznamen Endivien-Butz.

Siegfried Schaub unterstützte auch die drei Jugendlichen Rudi Balkau, Michael Baur und Ergun Can, die 1974 Holzlarven für ihre Hexenkleidle schaffen wollten, indem er ihnen das Schnitzen beibrachte. 1978 ging aus dieser Gruppe der Verein Falken-Hexen hervor. 1980 folgten die Schinderhexen, 1981 die Finsterbach-Hexen, 1987 die Kräuter-Hutzeln. In der Bürgervereinigung Rosswald gesellte sich schon 1970 eine Hexengruppe zu den Clowns. Hexen lagen auch überregional im Trend für junge Leute, die bei der Fasnet mitmachen wollten.

Beim Stichwort „schwäbisch-alemannische Fasnet" fällt den meisten wohl zuerst das bunte Treiben auf den Straßen ein: Narrensprünge und Umzüge mit historischen Narrenkleidern. Auch in Schramberg gibt es am Fasnetssonntag einen Narrensprung, der mit dem Brezelsegen abschließt, sowie am Fasnetsmontag einen Straßenumzug. Ein besonderes Spektakel dieses Tages findet jedoch nicht auf der Straße statt, sondern auf dem Kirchenbach – einem Abschnitt der Schiltach, die sich durch die Talstadt schlängelt: die Da-Bach-na-Fahrt, ursprünglich Kanalfahrt genannt. Sie wurde 1936 vom Jungen Parlament, einer Gruppe närrischer Bürgerssöhne, als spontane Fastnachtsaktion ins Leben gerufen. Damit sollte damals auch den Arbeiterinnen und Arbeitern bei Junghans ein arbeitsfreier Fasnetsmontag erwirkt werden, nachdem die Uhrenfabrik Junghans als einziger Arbeitgeber an diesem Tag Arbeit angeordnet hatte. Inzwischen hat sich die Da-Bach-na-Fahrt – heute sind die Zuber phantasievolle Motto-Gebilde, denen der Unterbau mit Zuber nur beim Kentern anzusehen ist – zum Markenzeichen der Schramberger Fasnet entwickelt. Sogar eine eigene Narrenfigur – der Da-Bach-na-Fahrer – wurde 1955 geschaffen, dessen Larve dem Antlitz des von der Fasnet faszinierten Zahnarztes Dr. Erwin Grüner nachempfunden ist. Schon 1939 hatte Grüner, inspiriert von der Da-Bach-na-Fahrt, in einem improvisierten Vorläufer des späteren Bach-na-Fahrer-Gewands am Umzug teilgenommen.

Auch wenn die Da-Bach-na-Fahrt das spektakulärste Ereignis der Schramberger Fasnet ist und Straßenveranstaltungen wie Schlüsselübergabe, seit 1949, Narrensprung, Brezelsegen, Katzenmusiken oder Umzug öffentlich am sichtbarsten werden, dürfen die traditionellen Kostümbälle in ihrer Bedeutung für die Fasnet nicht unterschätzt werden. Gerade hier zeigen talentierte Redner und Rednerinnen ihr Können, gewürzt mit Komik, Einfallsreichtum und scharfer Beobachtung des Stadtgeschehens und der überregionalen Politik. Ebenfalls traditionell sind die sportlichen Aufführungen und Balletteinlagen bei den Saalveranstaltungen. Neben der Narrenzunft mit dem Zunftabend und dem Gesellenball der Kolpingsfamilie tragen zahlreiche weitere Vereine zum Fastnachtsfeiern bei. Musik ist allgegenwärtig: sowohl bei den Bällen wie in den Wirtschaften als auch bei der Straßenfasnet und der Da-Bach-na-Fahrt. Die Stadtmusik, befreundete Vereine, Musikvereine der Stadtteile und Bürgervereinigungen wie die Rosswaldvereinigung wirken hier tatkräftig generationsübergreifend mit.

Bildnachweis

Stadtarchiv Schramberg: Martin Windhab, alle Fotografien der Jahre 2011 bis 2020. Stadtmuseum Schramberg: Unbekannt, vermutlich Hoffotograf Carl Faist: Vorsatz, S. 38, 39 oben, 44; Fotostudio-Kasenbacher, Franz Kasenbacher: S. 16, 25 unten, 39 unten, 68, 69, 77; Familie Schaub: Unbekannt, vermutlich Hoffotograf Carl Faist: S. 8; Hans-Peter Schaub: S. 99.

Literatur

’s goht dagega. Fasnet in Schramberg 1900 bis heute. Ausstellungsbegleitheft mit Beiträgen von Susanne Falk, Karin Haist, Gisela Lixfeld. Hrsg. von Gisela Lixfeld. Schramberg 1986 (Schriften des Stadtmuseums Schramberg 3).

Susanne Falk, Frauen in der Fasnet – Opfer und Täterinnen? Tageszeitungen als Quelle für das Frauenbild im Fastnachtsbrauchtum einer schwäbischen Kleinstadt von 1900 bis heute. In: Frauenalltag – Frauenforschung. Beiträge zur 2. Tagung der Kommission Frauenforschung der Deutschen Gesellschaft für Volkskunde DGV 1986 in Freiburg. Hrsg. von der Arbeitsgruppe Volkskundliche Frauenforschung Freiburg. Frankfurt, Bern, New York, Paris 1988, S. 106-113.

Gisela Lixfeld, „Hoorig isch die Katz“. Fastnacht und Vereinskultur. In: Momentaufnahmen Schramberg. Ein Lesebuch 1867-1992. Hrsg. von der Großen Kreisstadt Schramberg. Schramberg 1992, S. 153-167.

Sven Kindler, „… mit Kummer und mit Sorgen …“. Junges Parlament – Kanalfahrt – Da-Bach-na-Fahrt. Norderstedt 2007.

Narri, Narro und so. 100 Jahre Narrenzunft Schramberg. 75 Jahre Da-Bach-Na-Fahrt. Hrsg. von Helmut und Stefan Link für die Narrenzunft Schramberg. Schramberg 2010.

Der „Corona-Brüele“ – Mit „Kummer und mit Sorga“. Denkschrift der Notgemeinschaft Schwarzer Brezelbändel in der Fünftälerstadt Schramberg im Schwarzwald zur „Erinnerung an die ‚Corona-Fasnet‘ im Jahr 2021“. Hrsg. von Carsten Kohlmann. Schramberg 2022.

Quellen zur Geschichte der Schramberger Fasnet

Stadtarchiv Schramberg: Tageszeitungen: Schwarzwälder Tagblatt; Schramberger Anzeiger, Schwarzwälder Post; NS-Wacht; Schwäbische Zeitung; Schwarzwälder Bote. Schultheißenamtsprotokolle; Gemeinderatsprotokolle; Narrenblatt D’Hoorig Katz‘; Bildarchiv.

Stadtmuseum Schramberg: Tonbandinterviews Nr. 41-42, 44-46 (1985); Fotosammlung.

Archiv der Narrenzunft Schramberg: u.a. Protokolle der Sitzungen des Elferrats seit 1925, Tätigkeitsberichte, Schriftverkehr, Fotosammlung.

Protokollbücher der Kolpingsfamilie, der Stadtmusik, der Gesangvereine Frohsinn und Liederkranz sowie der Turn- und Sportvereine Schrambergs.

Webseiten der Narrenzünfte und an Fasnet beteiligter Vereine:

Narrenzunft Schramberg, Da-Bach-na-Fahrer-Gilde; Stadtmusik Schramberg; Bürgervereinigung Rosswald mit Clowns und Rosswaldhexen; Hof-AG Sulgen; Hexenzünfte: u.a. Falken-Hexen, Schinderhexen, Finsterbach-Hexen, Kräuter-Hutzeln, Burgstallhexen Heiligenbronn, Schorenhexen Sulgen, Berghexen Sulgen, Wurzelhexen Tennenbronn.

Zur Fasnet in den Ortsteilen siehe auch die Webseiten der Narrenzünfte in Sulgen, Heiligenbronn, Schönbronn, Waldmössingen und Tennenbronn.

Eiscafé
Da Bach na, Da Bach na
Kummer un mit Sorga